Impressum
Verlag: BABADADA GmbH, Nedderfeld 112 , 22529 Hamburg
Geschäftsführer / Verlagsleitung: Harald Hof
Druck: Books on Demand GmbH, In de Tarpen 42, 22848 Norderstedt

Imprint
Publisher: BABADADA GmbH, Nedderfeld 112 , 22529 Hamburg, Germany
Managing Director / Publishing direction: Harald Hof
Print: Books on Demand GmbH, In de Tarpen 42, 22848 Norderstedt

scol

school

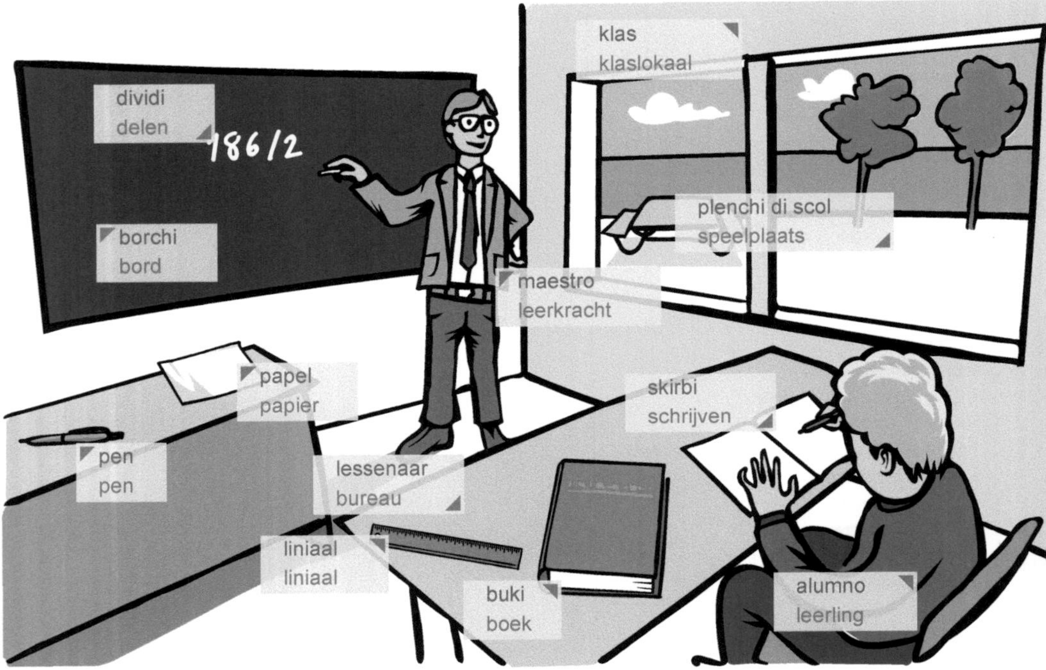
klas
klaslokaal
dividi
delen
186/2
plenchi di scol
speelplaats
borchi
bord
maestro
leerkracht
papel
papier
skirbi
schrijven
pen
pen
lessenaar
bureau
liniaal
liniaal
buki
boek
alumno
leerling

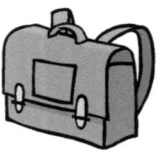

tas di scol

schooltas

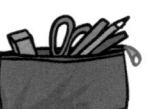

etui

pennenzak

potlood

potlood

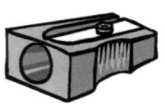

slijper

puntenslijper

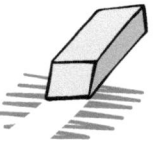

gum

gom

buki di pinta

tekenblok

pintura

tekening

cuashi

verfborstel

caha di verf

verfdoos

sker

schaar

lijm

lijm

schrift

werkboek

huiswerk

huiswerk

number

nummer

suma

optellen

kita

aftrekken

multiplica

vermenigvuldigen

conta

rekenen

letter

letter

alfabet

alfabet

palabra

woord

texto

tekst

lesa

Lezen

krijt

krijt

les

les

klassenboek

klassenboek

examen

examen

diploma

certificaat

uniform di scol

schooluniform

estudio

onderwijs

enciclopedia

encyclopedie

universidad

universiteit

microscop

microscoop

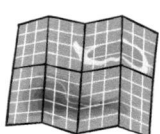

mapa

kaart

bari di sushi

papiermand

posada
jeugdherberg

hotel
hotel

Grand

ROOMS

oficina di cambio
wisselkantoor

EXCHANGE

maleta
koffer

auto
auto

idioma
....
Taal

si / no
....
ja / nee

bon
....
oké

hallo
....
hallo

tolk
....
vertaler

masha danki
....
bedankt

Cuanto esaki ta costa?

Hoeveel kost ...?

Mi no ta compronde

Ik begrijp het niet

problema

probleem

bon nochi

Goedenavond!

Bon dia!

Goedemorgen!

Bon nochi!

Goedenavond!

ayo

Tot ziens

direccion

richting

maleta

bagage

handbag

zak

rugtas

rugzak

huesped

gast

camber

kamer

slaapzak

slaapzak

tent

tent

informacion pa turista
toeristeninformatie

lama
strand

credit card
kredietkaar

desayuno
ontbijt

cuminda di merdia
lunch

cuminda di anochi
avondeten

carchi
ticket

cabe'i boto
lift

stampia
postzegel

grens
grens

duana
douane

embahada
ambassade

visa
visum

paspoort
paspoort

transport

transport

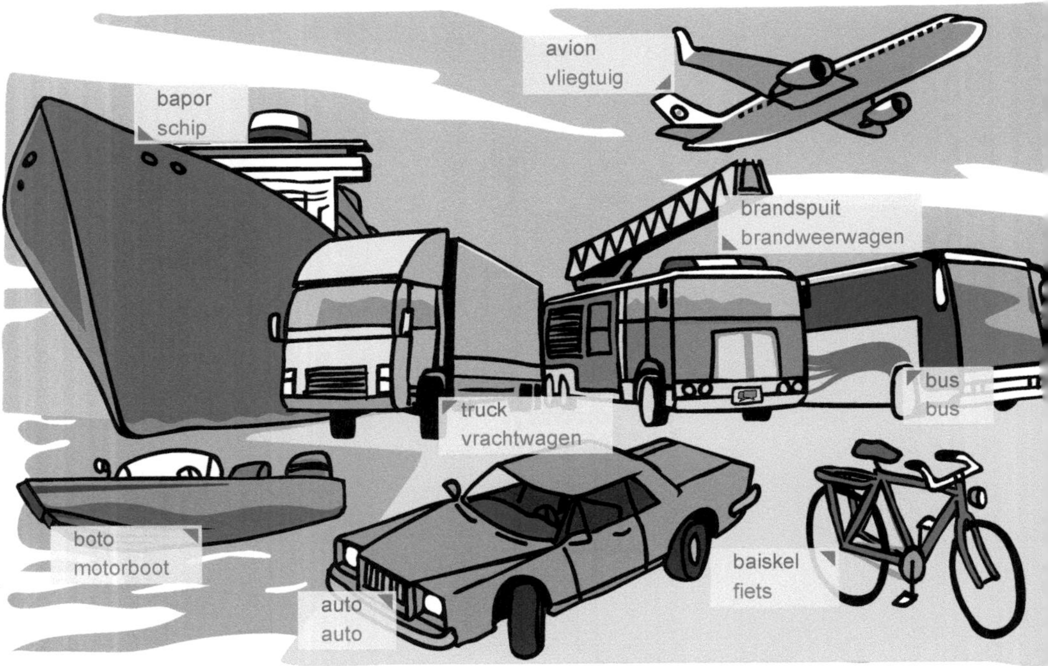
avion
vliegtuig
bapor
schip
brandspuit
brandweerwagen
bus
bus
truck
vrachtwagen
boto
motorboot
baiskel
fiets
auto
auto

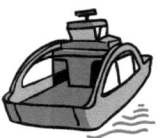

ferry
....
veerboot

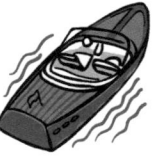

boto
....
boot

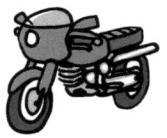

brommer
....
motor

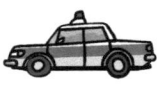

auto di polis
....
politiewagen

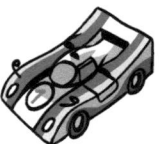

auto di careda
....
racewagen

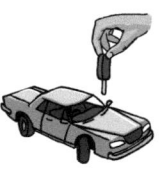

auto di huur
....
huurauto

car sharing

carpoolen

takelwagen

sleepwagen

dump truck

vuilniswagen

motor

motor

gasolin

benzine

pomp di gasolin

benzinestation

borchi di trafico

verkeersbord

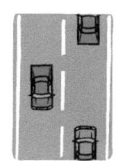

trafico

verkeer

fila

file

parkeerplaats

parkeerplaats

stacion di trein

station

riel

sporen

trein

trein

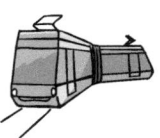

tram

tram

wagon

wagon

helicopter
helikopter

aeropuerto
luchthaven

toren
toren

pasahero
passagier

container
container

caha di carton
karton

garoshi
kar

macutu
mand

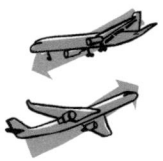

lanta / baha
opstijgen / landen

ciudad
stad

pueblo
dorp

centro di ciudad
stadscentrum

cas
huis

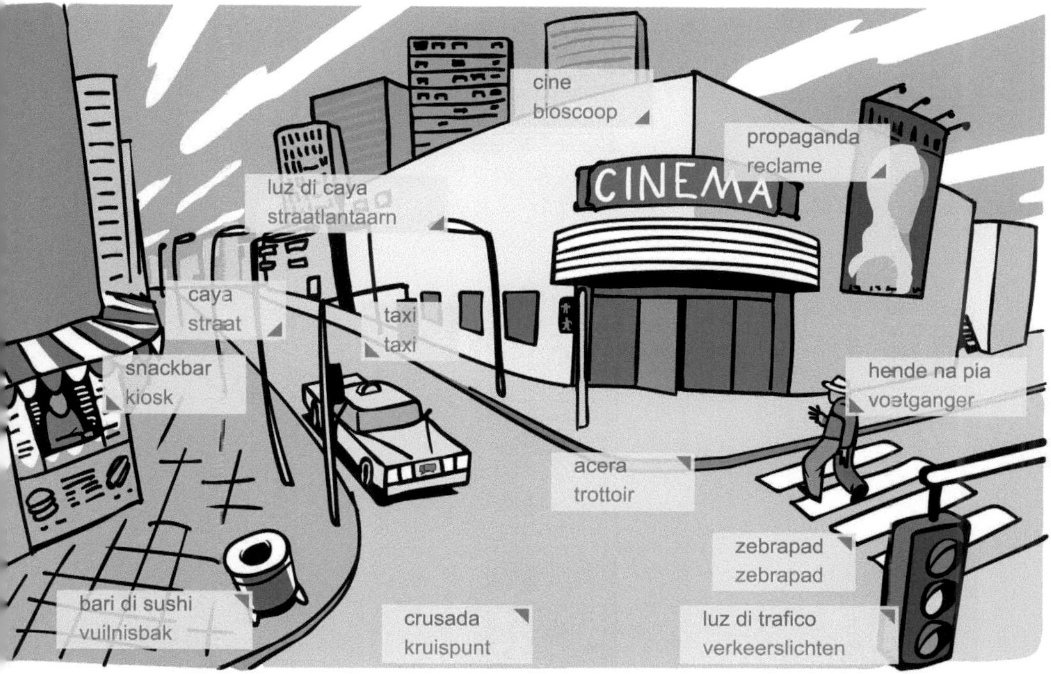

cine
bioscoop

propaganda
reclame

luz di caya
straatlantaarn

caya
straat

taxi
taxi

snackbar
kiosk

hende na pia
voetganger

acera
trottoir

zebrapad
zebrapad

bari di sushi
vuilnisbak

crusada
kruispunt

luz di trafico
verkeerslichten

hut
hut

flat
woning

stacion di trein
station

stadhuis
stadshuis

museo
museum

scol
school

universidad
universiteit

banco
bank

hospital
ziekenhuis

hotel
hotel

botica
apotheek

oficina
kantoor

boekhandel
boekwinkel

tienda
winkel

floresteria
bloemenwinkel

supermarket
supermarkt

mercado
markt

department store
warenhuis

bendedo di pisca
vishandelaar

shopping center
winkelcentrum

haf
haven

park
park

banki
bank

brug
brug

trapi
trap

metro
metro

tunnel
tunnel

parada di bus
bushalte

bar
bar

restaurant
restaurant

postbox
brievenbus

borchi di nomber di caya
straatnaambord

parkeermeter
parkeermeter

parke di bestia
zoo

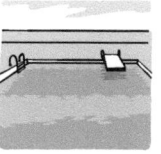

piscina
zwembad

moskee
moskee

cunucu

boerderij

polucion

milieuverontreiniging

santana

kerkhof

misa

kerk

speelplaats

speelplaats

tempel

tempel

paisahe

landschap

blachi
blad

borchi di direccion
wegwijzer

caminda
weg

sabana
weide

piedra
steen

palo
boom

keirodo
wandelaar

riu
rivier

yerba
gras

flor
bloem

vallei
vallei

sero
heuvel

lago
meer

mondi
bos

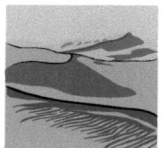

desierto
woestijn

volcan
vulkaan

kasteel
kasteel

arco iris
regenboog

paddenstoel
paddenstoel

palma
palmboom

sangura
mug

musca
vlieg

vruminga
mier

bij
bijl

haraña
spin

tor

kever

dori

kikker

eekhoorn

eekhoorn

porcospina

egel

coneu

haas

shoco

uil

parha

vogel

zwaan

zwaan

porco di mondi

wild zwijn

bina

hert

eland

eland

dam

dam

molina di biento

windturbine

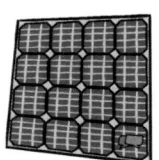

panel solar

zonnepaneel

clima

klimaat

restaurant
restaurant

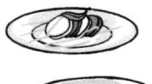

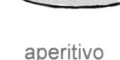

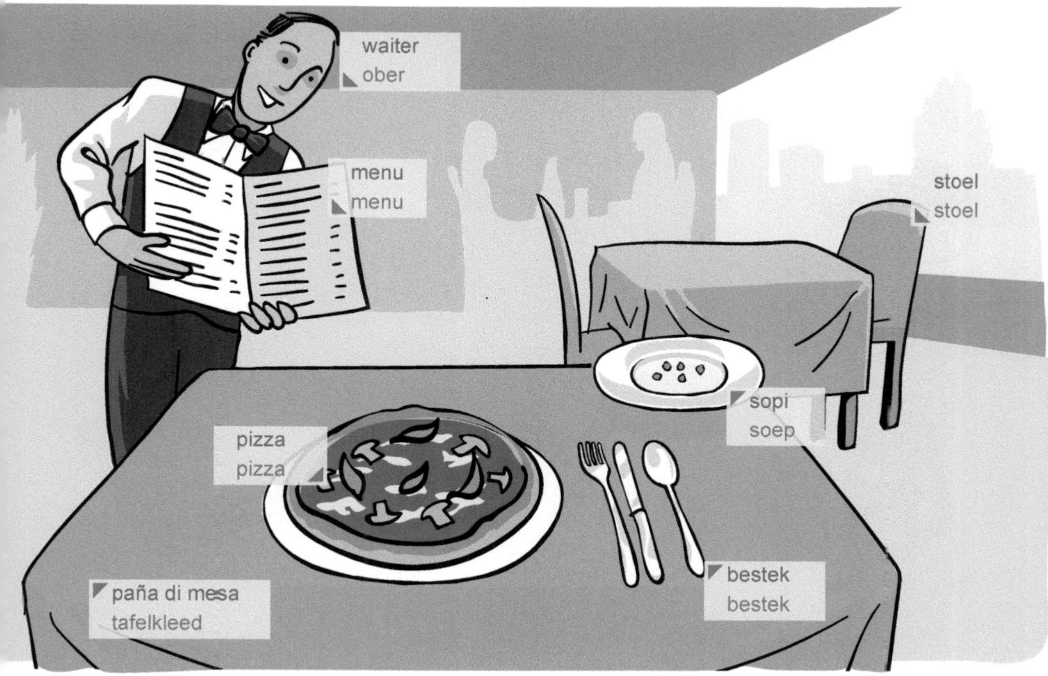

waiter
ober
menu
menu
stoel
stoel
sopi
soep
pizza
pizza
bestek
bestek
paña di mesa
tafelkleed

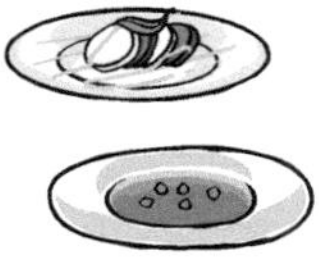

aperitivo

voorgerecht

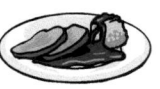

cuminda principal

hoofdgerecht

dessert

nagerecht

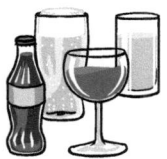

bebida

drankjes

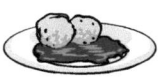

cuminda

eten

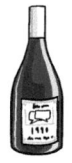

boter

fles

fastfood

fastfood

streetfood

street food

canica di te

theepot

pochi di sucu

suikerpot

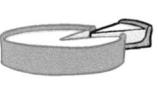

porcion

portie

espressomachine

espressomachine

stoel di mucha

kinderstoel

cuenta

rekening

hasechi

dienblad

cuchiu

mes

forki

vork

cuchara

lepel

telep

theelepel

napkin

serviette

glas

glas

tayo

bord

tayo di sopi

soepbord

scoter

schoteltje

saus

saus

pochi di salo

zoutvatje

mulina di peper

pepermolen

binager

azijn

azeta

olie

specerij

kruiden

ketchup

ketchup

mosterd

mosterd

mayonaise

mayonaise

supermarket

supermarkt

oferta special
aanbieding
FOR
cliente
klant
producto lacteo
zuivelproducten
fruta
fruit
garoshi di compra
winkelwagen

BUTCHERS

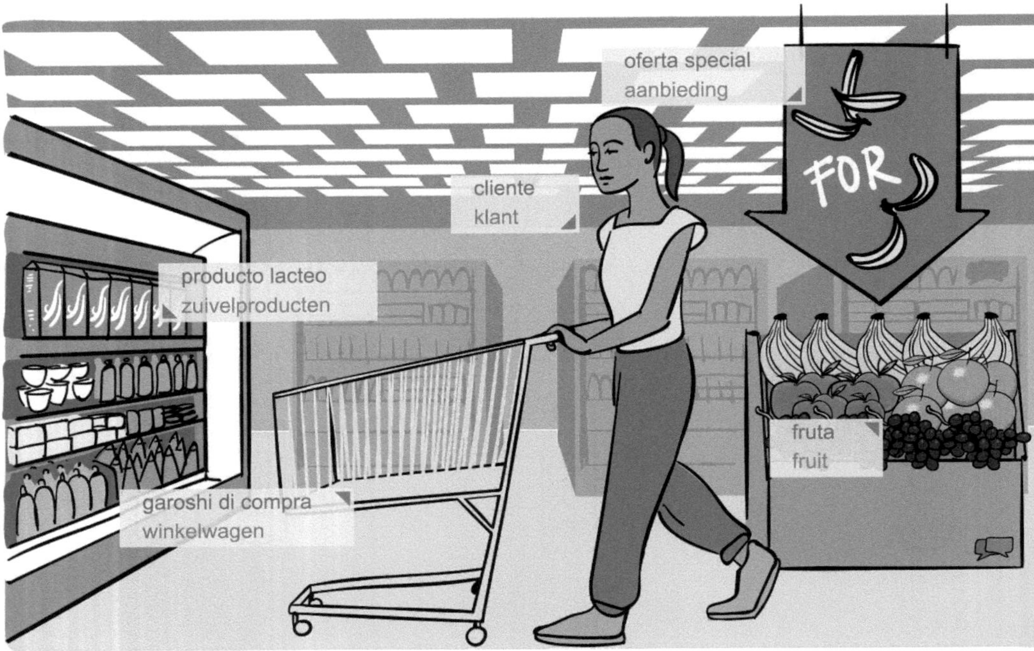

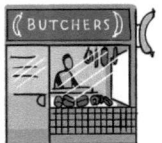

carniceria

slagerij

BAKERY

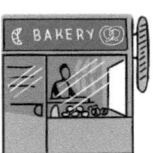

panaderia

bakkerij

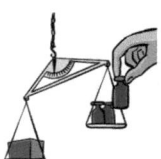

pisa

wegen

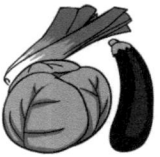

berdura

groenten

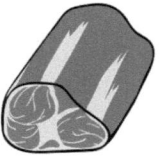

carni

vlees

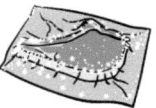

frozen food

diepvriesvoedsel

beleg di carni

charcuterie

cuminda di bleki

conserven

detergente na puiro

waspoeder

mangel

snoep

producto pa cas

huishoudproducten

articulo di limpiesa

schoonmaakproducten

bendedo

verkoopster

cahero

kassa

cahero

kassier

lista di compra

boodschappenlijstje

orario

openingstijden

cartera

portefeuille

credit card

kredietkaart

tas

tas

saco di plastic

plastieken zakje

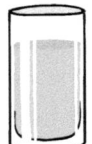

awa

water

juice

sap

lechi

melk

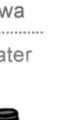

cola

cola

biña

wijn

cerbes

bier

alcohol

alcohol

chocomel

cacao

te

thee

koffie

koffie

espresso

espresso

cappuccino

cappuccino

bacoba

banaan

appel

appel

apelsina

sinaasappel

milon

meloen

lamunchi

citroen

wortel

wortel

conoflok

knoflook

bambu

bamboe

siboyo

ajuin

mushroom

champignon

noot

noten

pasta

noodles

spaghetti

spaghetti

aros

rijst

salada

salade

batata hasa

frieten

batata hasa

gebakken aardappelen

pizza

pizza

hamburger

hamburger

sandwich

sandwich

cutlet

kalfslapje

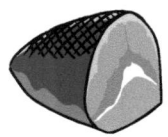

ham

ham

salami

salami

soseishi

worst

galiña

kip

hasa

braden

pisca

vis

papa

havervlokken

müsli

muesli

cornflakes

cornflakes

hariña

bloem

croissant

croissant

pan rondo

pistolet

pan

brood

toast

toast

cuki

koekjes

manteca

boter

kwark

kwark

bolo

taart

webo

ei

webo hasa

spiegelei

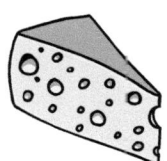

keshi

kaas

ijscream
ijs

sucu
suiker

honing
honing

jam
confituur

pasta di chuculati
choco

curry
curry

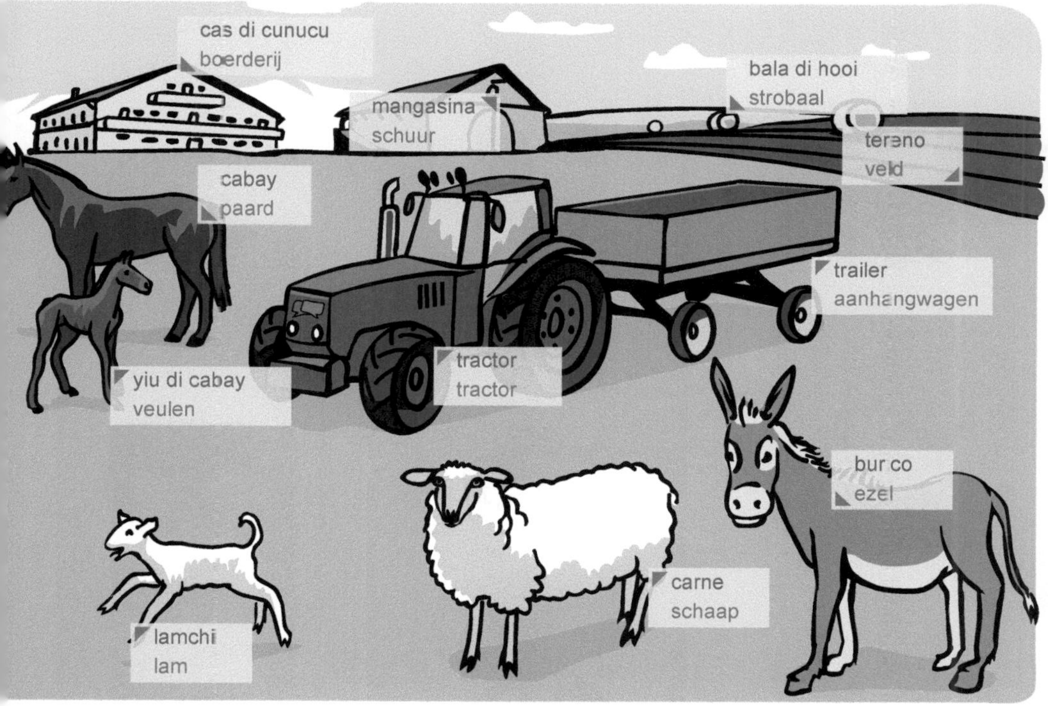

cas di cunucu
boerderij

bala di hooi
strobaal

mangasina
schuur

tereno
veld

cabay
paard

trailer
aanhangwagen

tractor
tractor

yiu di cabay
veulen

bur co
ezel

carne
schaap

lamchi
lam

cabrito

geit

baca

koe

bishe

kalf

porco

varken

yiu di porco

biggetje

toro

stier

gans

gans

pato

eend

puyito

kuiken

galiña

kip

gay

haan

djaca

rat

pushi

kat

raton

muis

toro

os

cacho

hond

cas di cacho

hondenhok

slang pa muha mata

tuinslang

gieter

gieter

herment pa corta yerbe

zeis

ploeg

ploeg

garabati

sikkel

chapi

schoffel

forki pa coy hɔoi

hooivork

hacha

bijl

garetia

kruiwagen

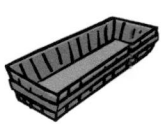

pesebre

trog

canica di lechi

melkkan

saco

zak

heki

hek

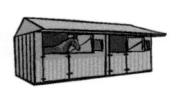

stal

stal

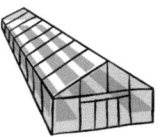

greenhouse

broeikas

suela

bodem

simia

zaad

mest

mest

mashin di cosecha

maaidorser

cosecha

oogsten

cosecha

oogst

yams

yam

trigo

tarwe

soya

soja

batata

aardappel

maishi

maïs

canola

koolzaad

palo di fruta

fruitboom

yuca

maniok

grano

graan

cas
huis

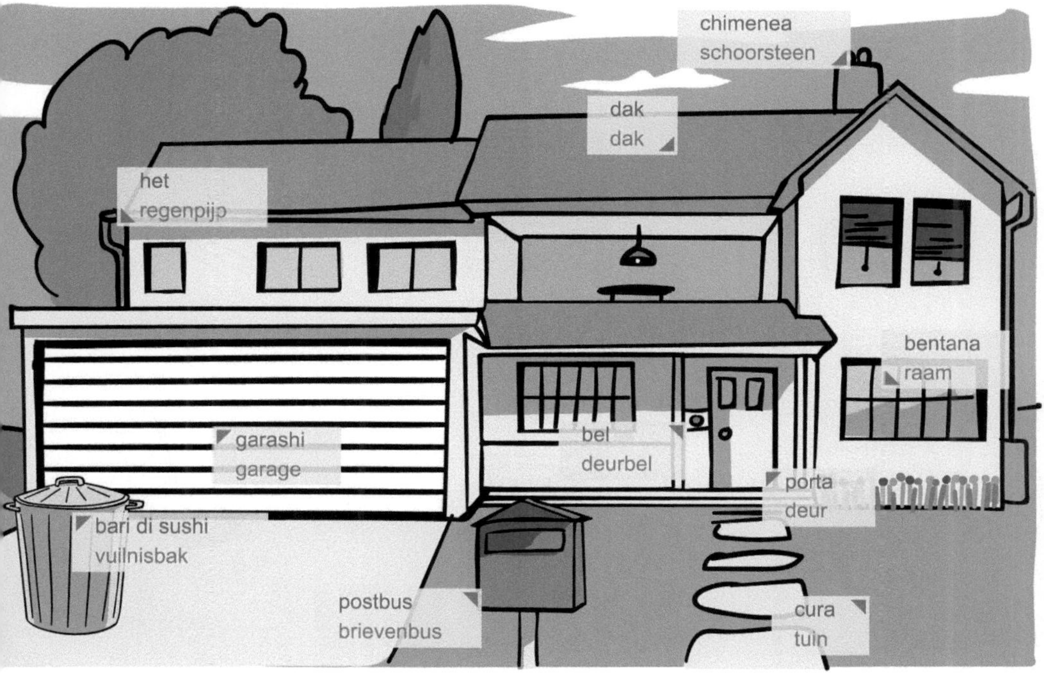
chimenea
schoorsteen
dak
dak
het
regenpijp
bentana
raam
garashi
garage
bel
deurbel
porta
deur
bari di sushi
vuilnisbak
postbus
brievenbus
cura
tuin

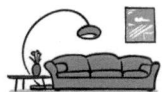

sala

woonkamer

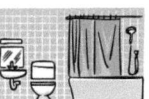

baño

badkamer

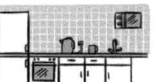

cushina

keuken

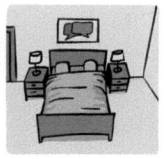

camber

slaapkamer

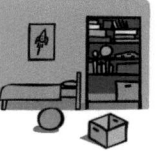

camber di mucha

kinderkamer

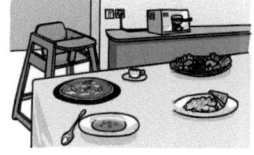

comedo

eetkamer

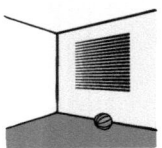

suela

vloer

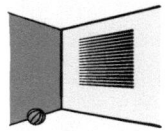

muraya

muur

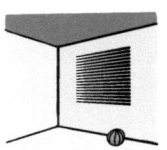

blafon

plafond

bodega

kelder

sauna

sauna

balcon

balkon

terasa

terras

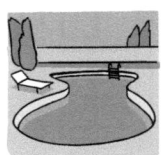

piscina

zwembad

mashin di corta yerba

grasmaaier

laken

dekbedovertrek

bedsprei

dekbed

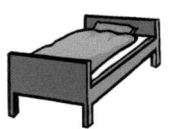

cama

bed

basora

bezem

hemchi

emmer

switch

schakelaar

sala

woonkamer

papel pa papela
behangpapier
potret
foto
lampi
lamp
reki
schap
cashi
kast
television
televisie
fogon
open haard
flor
bloem
cusinchi
kussen
sofa
sofa
vaas
vaas
remote control
afstandsbediening

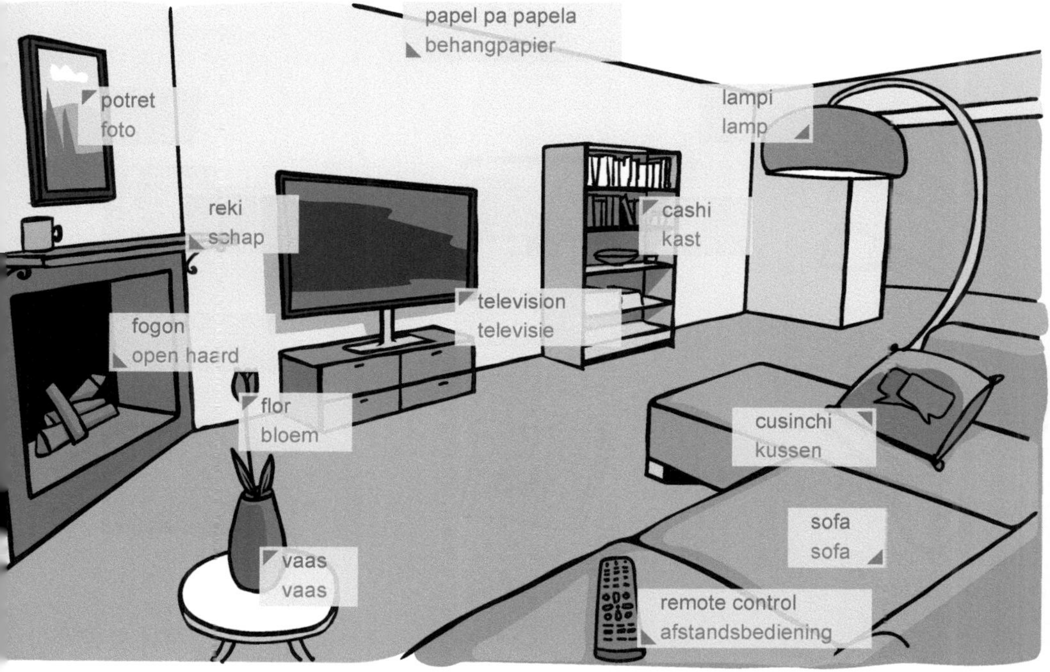

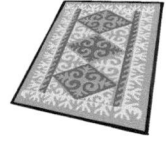

tapijt

mat

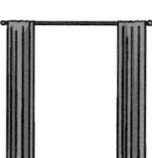

cortina

gordijn

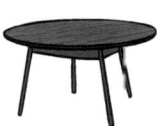

mesa

tafel

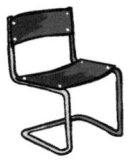

stoel

stoel

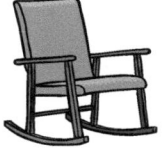

stoel di zoya

schommelstoel

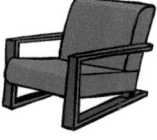

stoel

fauteuil

buki
boek

dekel
deken

decoracion
decoratie

palo pa kima
brandhout

film
film

stereoset
stereo-installatie

yabi
sleutel

corant
krant

cuadra
schilderij

poster
poster

radio
radio

blocnote
notitieboekje

stofzuiger
stofzuiger

cadushi
cactus

bela
kaars

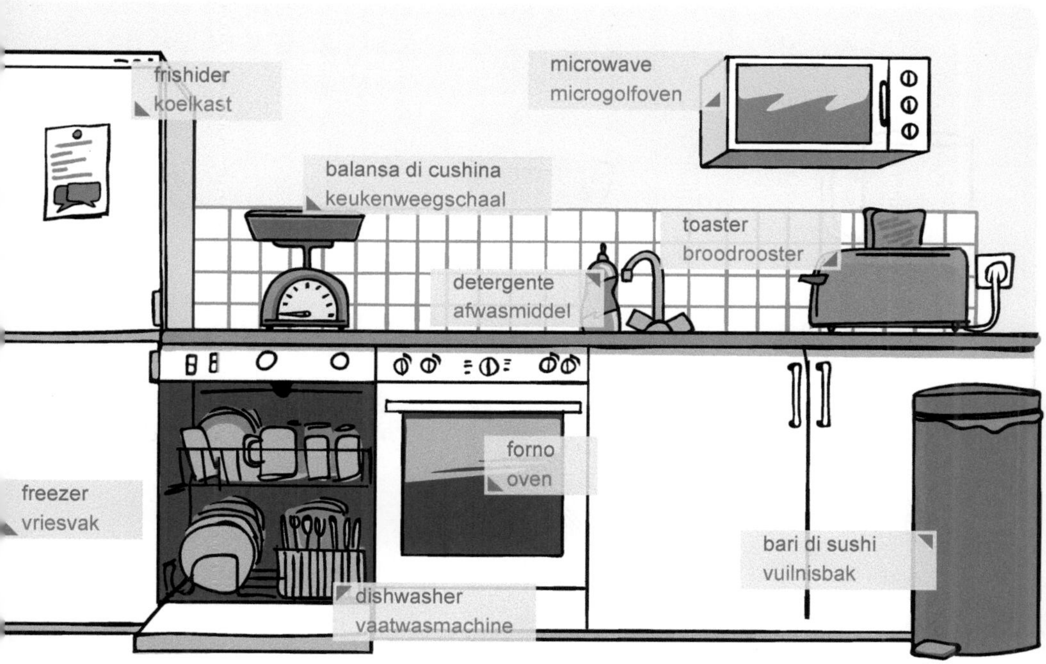

frishider
koelkast

microwave
microgolfoven

balansa di cushina
keukenweegschaal

toaster
broodrooster

detergente
afwasmiddel

forno
oven

freezer
vriesvak

bari di sushi
vuilnisbak

dishwasher
vaatwasmachine

stoof
fornuis

wea
pot

wea di hero
gietijzeren pot

wok
wok / kadai

planchi
pan

ketel
waterkoker

steamer

stoomkoker

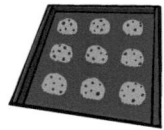

teblachi pa horna

bakplaat

servies

servies

beker

mok

conchi

kom

chopstick

eetstokjes

cuchara di sopi

pollepel

spatula

spatel

garde

garde

scurido

vergiet

colado

zeef

raspa

rasp

fenso

mortier

barbecue

barbecue

candela

haardvuur

planki pa corta

snijplank

rostok

deegrol

kurkentrek

kurkentrekker

bleki

blik

cos di habri bleki

blikopener

pannenlap

pannenlap

wasbak

gootsteen

skeiro

borstel

spons

spons

blender

blender

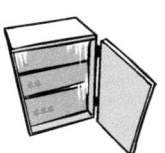

freezer

vriezer

tetero

papfles

cranchi

kraan

baño
badkamer

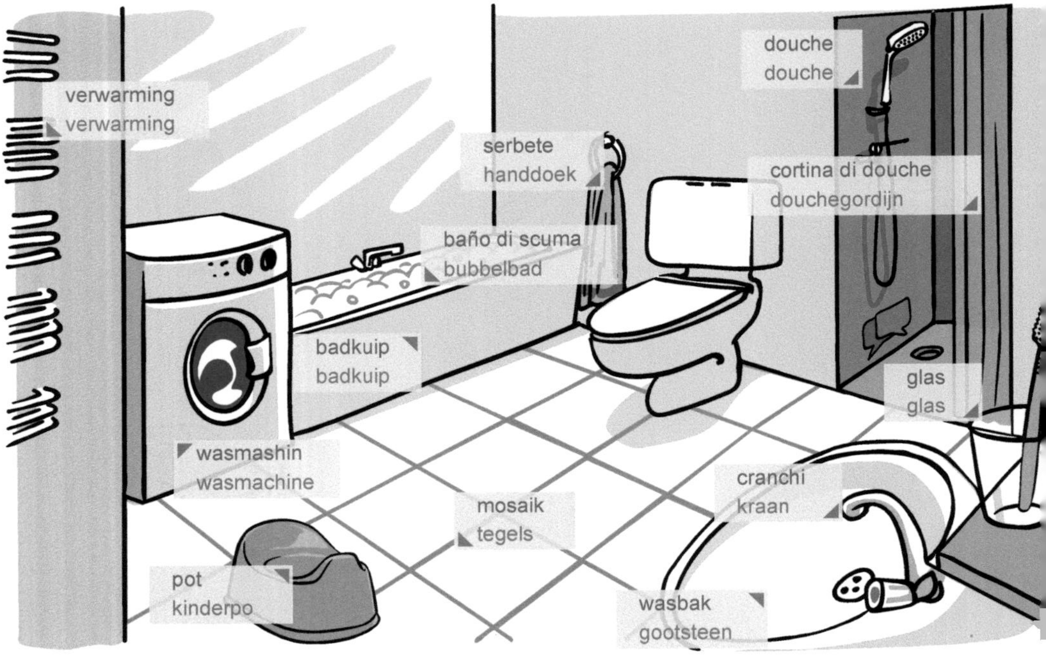

douche
douche
verwarming
verwarming
serbete
handdoek
cortina di douche
douchegordijn
baño di scuma
bubbelbad
badkuip
badkuip
glas
glas
wasmashin
wasmachine
cranchi
kraan
mosaik
tegels
pot
kinderpo
wasbak
gootsteen

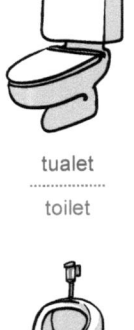

tualet

toilet

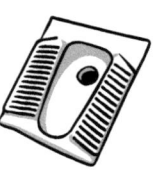

hurktoilet

hurktoilet

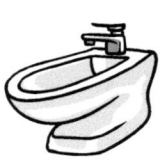

bidet

bidet

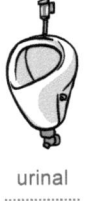

urinal

urinoir

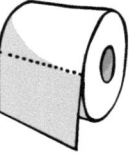

papel di w.c.

toiletpapier

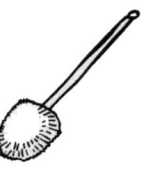

skeiro di w.c.

toiletborstel

skeiro di djente

tandenborstel

pasta di djente

tandpasta

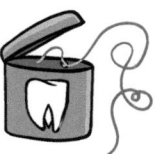

dental floss

flosdraad

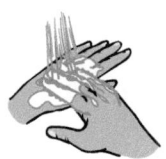

laba

wassen

douche di man

handdouche

bidet

bidethanddouche

tobo

waskom

skeiro

rugborstel

habon

zeep

shower gel

douchegel

shampoo

shampoo

washandje

washandje

drain

afvoer

crema

crème

desodorante

deodorant

spiel

spiegel

spiel di man

handspiegel

blet

scheermes

shaving foam

scheerschuim

aftershave

aftershave

peña

kam

skeiro

borstel

blower

haardroger

spray pa cabey

haarlak

makeup

make-up

lipstick

lippenstift

cos di pinta huña

nagellak

catuna

watten

sker pa corta huña

nagelknipper

perfume

parfum

tas

toilettas

kruk

kruk

balansa

weegschaal

bata

badjas

handschoen

latex handschoenen

tampon

tampon

kotex

maandverband

wc kimico

chemisch toilet

camber di mucha

kinderkamer

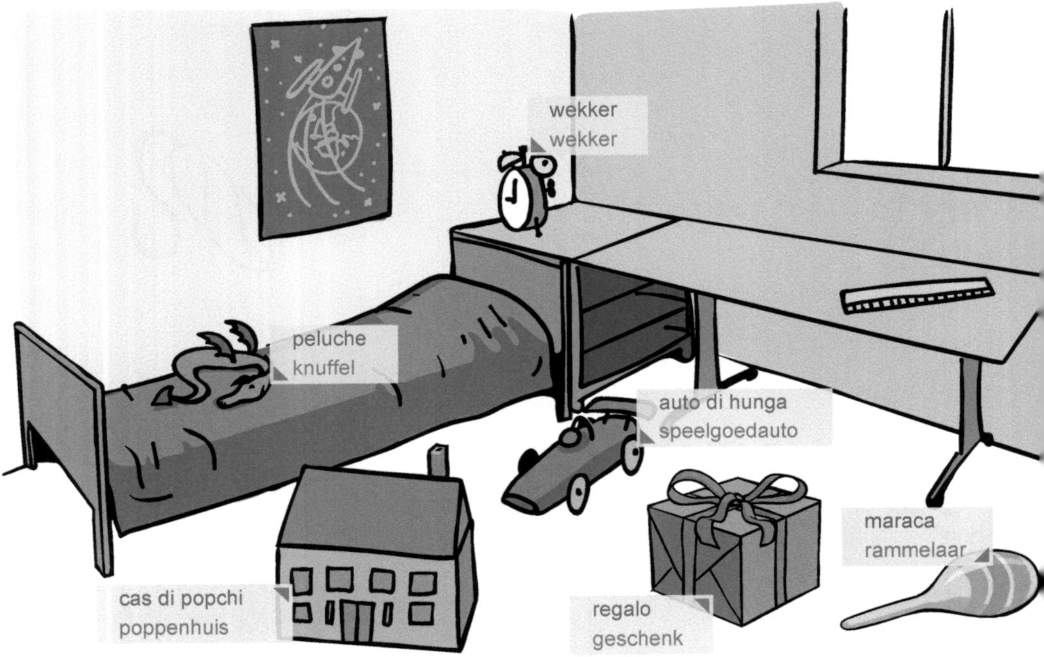
wekker
wekker
peluche
knuffel
auto di hunga
speelgoedauto
maraca
rammelaar
cas di popchi
poppenhuis
regalo
geschenk

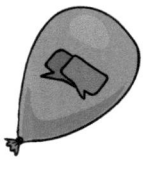

blaas

ballon

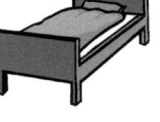

cama

bed

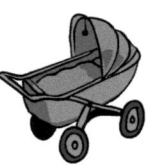

stroller

kinderwagen

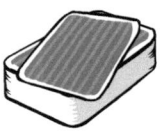

baraha di carta

spel kaarten

puzzel

puzzel

SUPER
MEGA

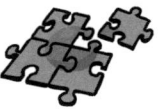

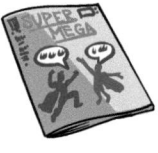

comic

stripboek

lego

legoblokjes

bloki di hunga

blokken

figura di accicn

actiefiguur

romper

kruippakje

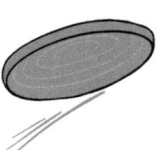

frisbee

frisbee

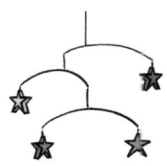

mobil

mobiel

wega di mesa

bordspel

dou

dobbelsteen

set di trein

modelspoorweg

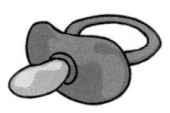

chupon

fopspeen

fiesta

feest

buki di prenchi

prentenboek

bala

bal

popchi

pop

hunga

spelen

zandbak

zandbak

zoya

schommel

cos di hunga

speelgoed

videogame

spelconsole

tricycle

driewieler

beer

knuffelbeer

cashi di paña

kleerkast

paña
kleding

mea

sokken

mea

kousen

pantyhose

maillot

sjaal
sjaal

faha
riem

paraplu
paraplu

T-shirt
T-shirt

keds
sneakers

boots
laarzen

slof
slippers

sandalia
....
sandalen

sapato
....
schoenen

laars di rubber
....
rubberlaarzen

carsonsio
....
onderbroek

bh
....
beha

flanel
....
onderhemd

body

lichaam

carson

broek

jeans

jeans

saya

rok

blusa

blouse

camisa

hemd

sweater

trui

sweater

capuchontrui

blazer

blazer

jacket

jas

jas

jas

regenjas

regenjas

flus

kostuum

shimis

jurk

shimis di bruid

trouwjurk

flus
pak

yapon
nachthemd

pidjama
pyjama

sari
sari

lenso di cabes
hoofddoek

turban
tulband

burqa
boerka

kaftan
kaftan

abaya
abaya

zwempak
badpak

zwembroek
zwembroek

carson cortico
short

trainingspak
trainingspak

lantera
schort

handschoen
handschoenen

boton

knoop

bril

bril

armband

armband

cadena

ketting

renchi

ring

renchi di horea

oorbel

pechi

pet

kapstok

kapstok

sombre

hoed

dashi

das

ziper

rits

helm

helm

guiel

bretellen

uniform di scol

schooluniform

uniform

uniform

babado
....
slabbetje

chupon
....
fopspeen

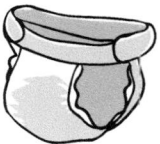

bruki
....
luier

oficina
kantoor

server
server

filekast
dossierkast

printer
printer

papel
papier

pantaya
monitor

lessenaar
bureau

mouse
muis

map
map

keyboard
toestenbord

bari di sushi
papiermand

computer
computer

stoel
stoel

copi pa bebe koffie
....
koffiemok

calculator
....
rekenmachine

internet
....
internet

laptop

laptop

carta

brief

mensahe

bericht

celular

gsm

red

netwerk

mashin di copia

kopieerapparaat

software

software

telefon

telefoon

stopcontact

stopcontact

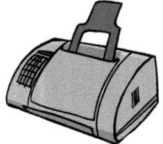

fax mashin

fax

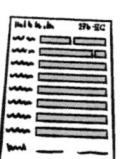

formulario

formulier

documento

document

cumpra
kopen

paga
betalen

negosha
handelen

placa
geld

USD

dollar
dollar

EUR

euro
euro

JPY

yen
yen

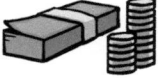

RUB

roebel
roebel

CHF

frank suisc
Zwitserse frank

CNY

yuan renminbi
Chinese renminbi

INR

roepi
roepie

bancomatico
geldautomaat

oficina di cambio

wisselkantoor

oro

goud

plata

zilver

azeta

olie

energia

energie

prijs

prijs

contract

contract

impuesto

belasting

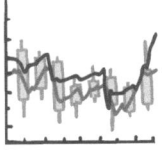

share

aandeel

traha

werken

empleado

werknemer

dunado di trabou

werkgever

fabrica

fabriek

tienda

winkel

economia - economie

ofishi / profesion
beroepen

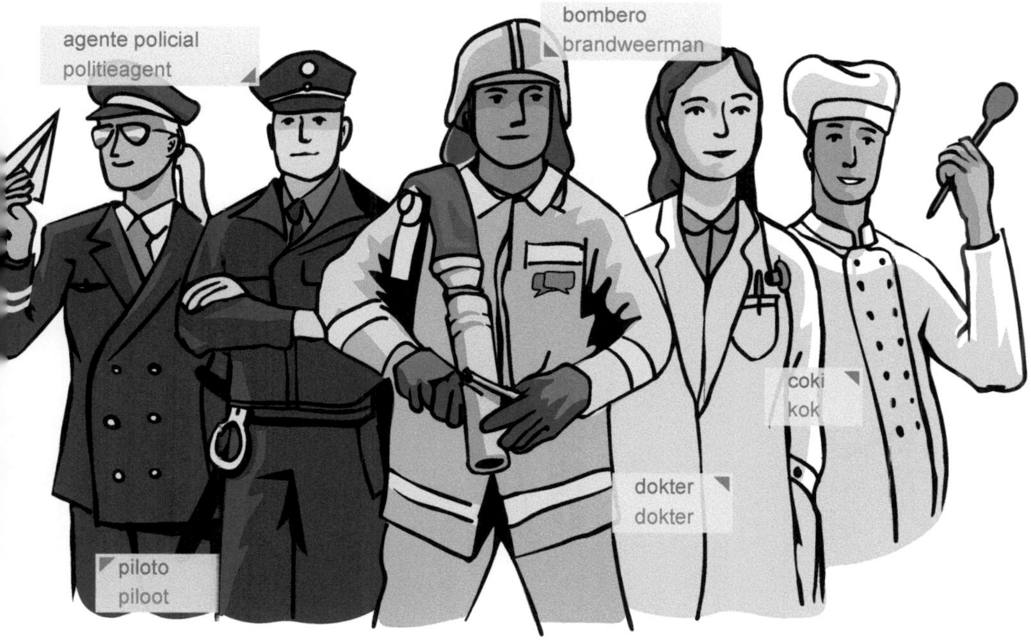
agente policial
politieagent
bombero
brandweerman
coki
kok
dokter
dokter
piloto
piloot

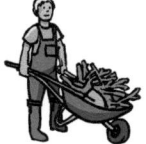

hardinero
tuinman

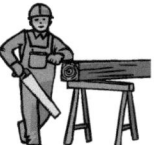

carpinte
timmerman

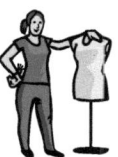

cosedo
naaister

hues
rechter

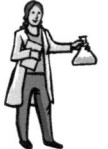

kimico
chemicus

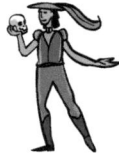

actor
acteur

chauffeur di bus

buschauffeur

chauffeur di taxi

taxichauffeur

piscado

visser

hende cu ta haci cas limpi

schoonmaakster

drechado di dak

dakdekker

waiter

ober

jaagdo

jager

verfdo

schilder

panadero

bakker

electricista

elektricien

trahado den construccion

bouwvakker

ingeniero

ingenieur

carnicero

slager

loodgieter

loodgieter

partido di carta

postbode

solda

soldaat

arkitecto

architect

cahero

kassier

florista

bloemist

pelukero / pelukera

kapper

controlado di ticket

conducteur

mecanico

mecanicien

capitan

kapitein

dentista

tandarts

cientifico

wetenschapper

rabbi

rabbijn

imam

imam

monk

monnik

pastor

geestelijke

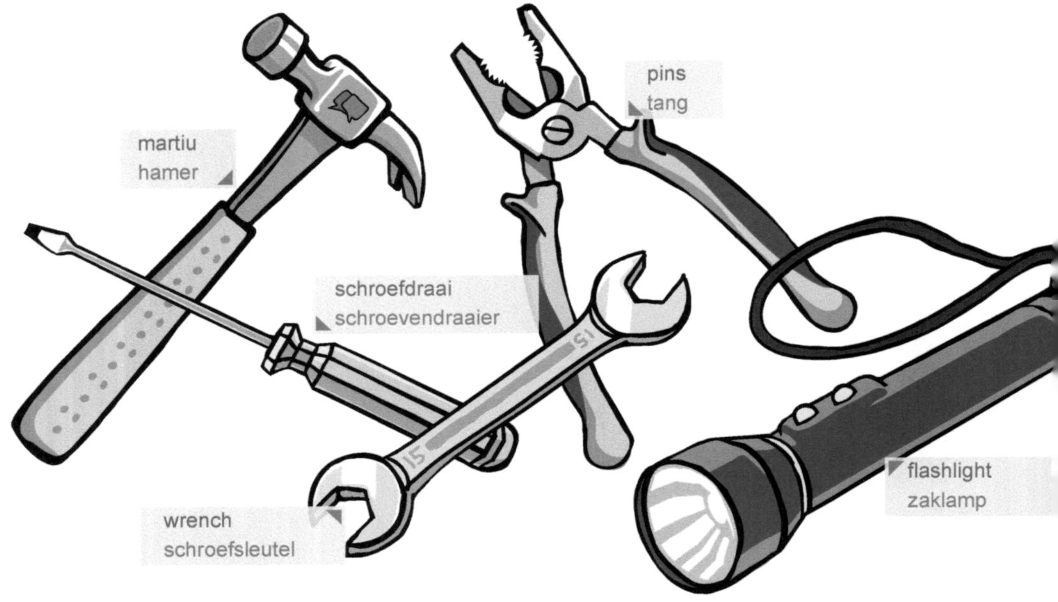

martiu
hamer

pins
tang

schroefdraai
schroevendraaier

wrench
schroefsleutel

flashlight
zaklamp

bulldozer
graafmachine

caha di herment
gereedschapskoffer

trapi
ladder

zaag
zaag

clabo
spijkers

boormashin
boormachine

drecha

repareren

shobel

schop

caraho!

Verdomme!

scop

blik

bleki di verf

verfpot

schroef

schroeven

instrumento musical
muziekinstrumenten

speaker
luidspreker

drumset
drumstel

contrabaho
contrabas

trompet
trompet

guitara
gitaar

piano

piano

fio

viool

baho

basgitaar

timbal

pauk

tambu

trommels

keyboard

keyboard

saxofon

saxofoon

fluit

fluit

microfon

microfoon

parke di bestia

zoo

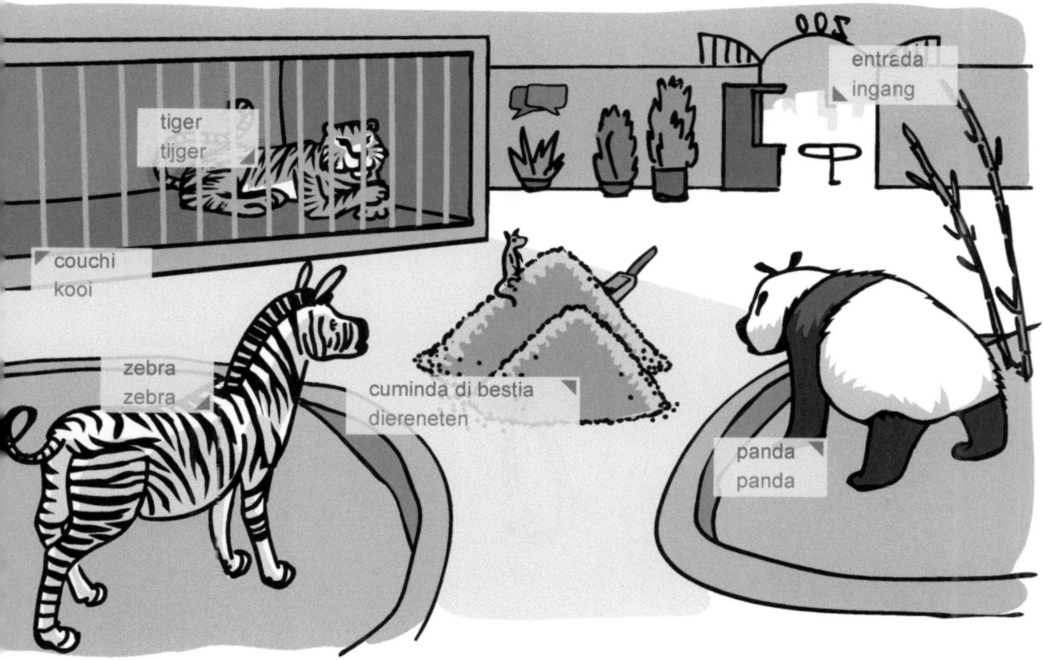

tiger
tijger
entrada
ingang
couchi
kooi
zebra
zebra
cuminda di bestia
diereneten
panda
panda

animal

dieren

olifante

olifant

cangaru

kangoeroe

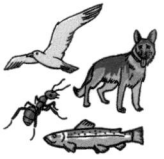

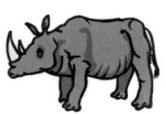

neushoorn

neushoorn

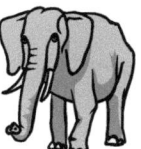

gorila

gorilla

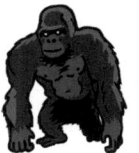

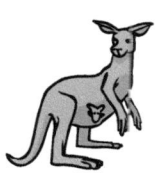

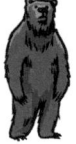

beer

beer

camel
kameel

avestruz
struisvogel

leon
leeuw

macaco
aap

flamingo
flamingo

lora
papegaai

beer polar
ijsbeer

pinguin
pinguïn

tribon
haai

pauwies
pauw

colebra
slang

caiman
krokodil

cuidado di bestia
dierenverzorger

cacho di awa
zeehond

jaguar
jaguar

pony
pony

leopardo
luipaard

hipopotamo
nijlpaard

giraf
giraffe

aguila
adelaar

porco di mondi
wild zwijn

pisca
vis

turtuga
zeeschildpad

walrus
walrus

vos
vos

gazelle
gazelle

futbol Americano
rugby

ciclismo
wielrennen

tennis
tennis

basketball
basketbal

landamento
zwemmen

ice hockey
ijshockey

boxeo
boksen

futbol	badminton	atletismo
voetbal	badminton	atletiek

handbal	ski	polo
handbal	skiën	polo

actividad
activiteiten

hari
lachen
bula
springen
brasa
knuffelen
cana
wandelen
canta
zingen
soña
dromen
resa
bidden
sunchi
kussen

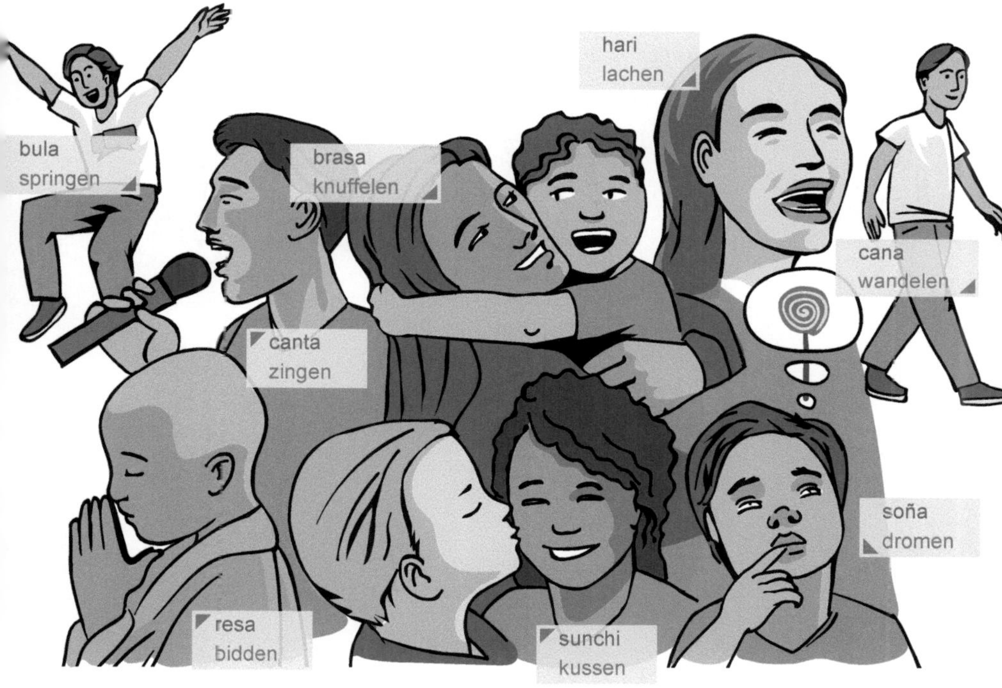

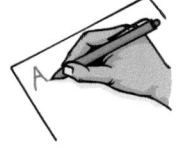

skirbi
schrijven

pinta
tekenen

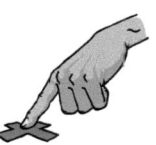

mustra
tonen

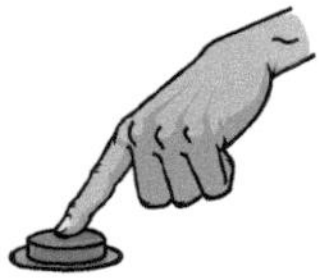

primi
duwen

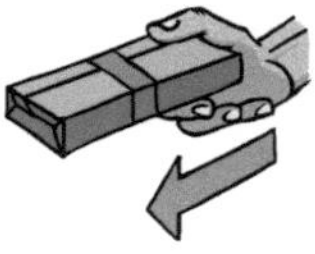

duna
geven

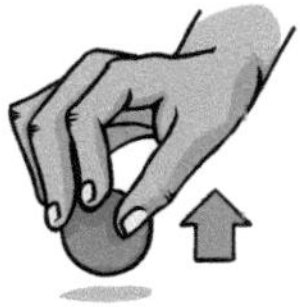

coy
nemen

tin
hebben

haci
doen

ta
zijn

para
staan

core
lopen

ranca
trekken

tira
gooien

cay
vallen

drumi
liggen

warda
wachten

carga
dragen

sinta
zitten

bisti
aankleden

drumi
slapen

lanta fo'i soño
ontwaken

mira

kijken naar

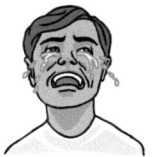

yora

wenen

caricia

aaien

peña

kammen

papia

praten

compronde

begrijpen

puntra

vragen

scucha

luisteren

bebe

drinken

come

eten

ruim op

opruimen

stima

houden van

cushna

koken

bai

rijden

bula

vliegen

zeilo

zeilen

conta

rekenen

lesa

Lezen

siña

leren

traha

werken

casa

trouwen

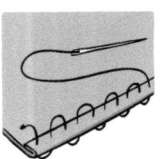

cose

naaien

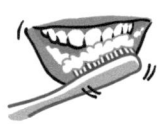

skeiro djente

tandenpoetsen

mata

doden

huma

roken

manda

sturen

famia

familie

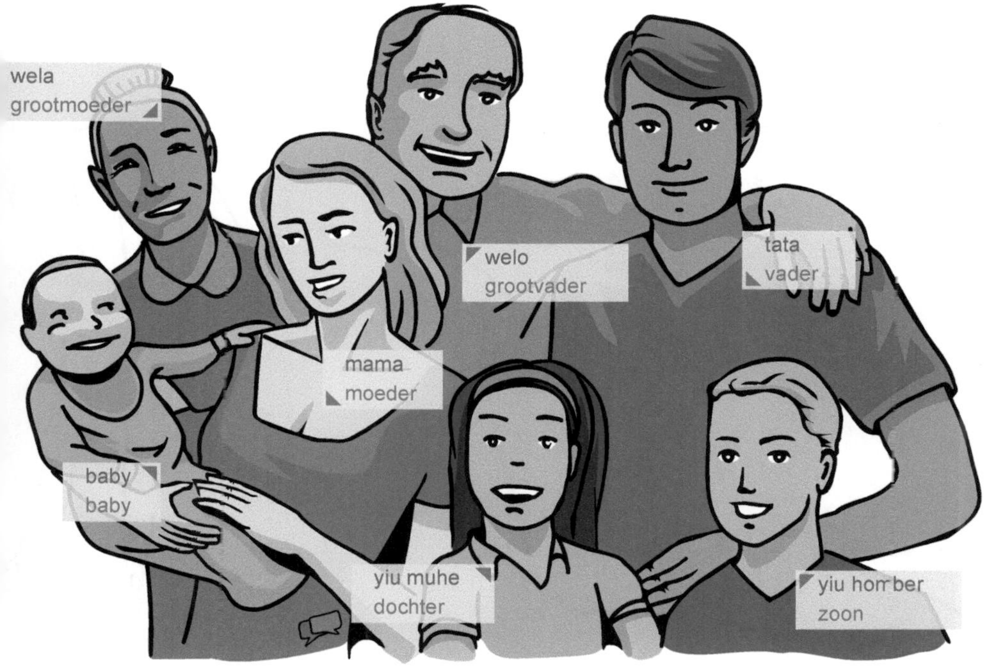
wela
grootmoeder
welo
grootvader
tata
vader
mama
moeder
baby
baby
yiu muhe
dochter
yiu homber
zoon

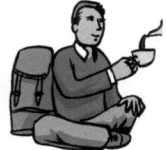

huesped

gast

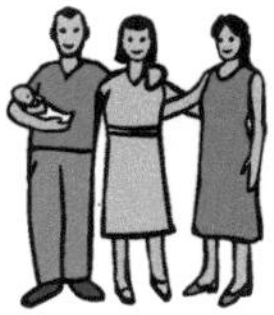

tanta

tante

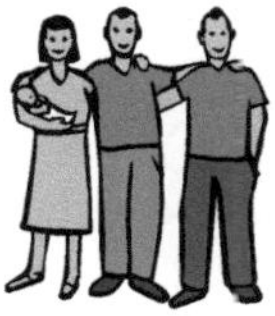

omo

oom

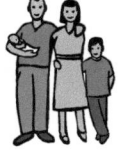

ruman homber

broer

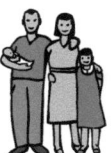

ruman muhe

zus

curpa
lichaam

frenta
voorhoofd
wowo
oog
cara
gezicht
cachete
kin
pecho
borst
dede
vinger
man
hand
brasa
arm
schouder
schouder
pia
been

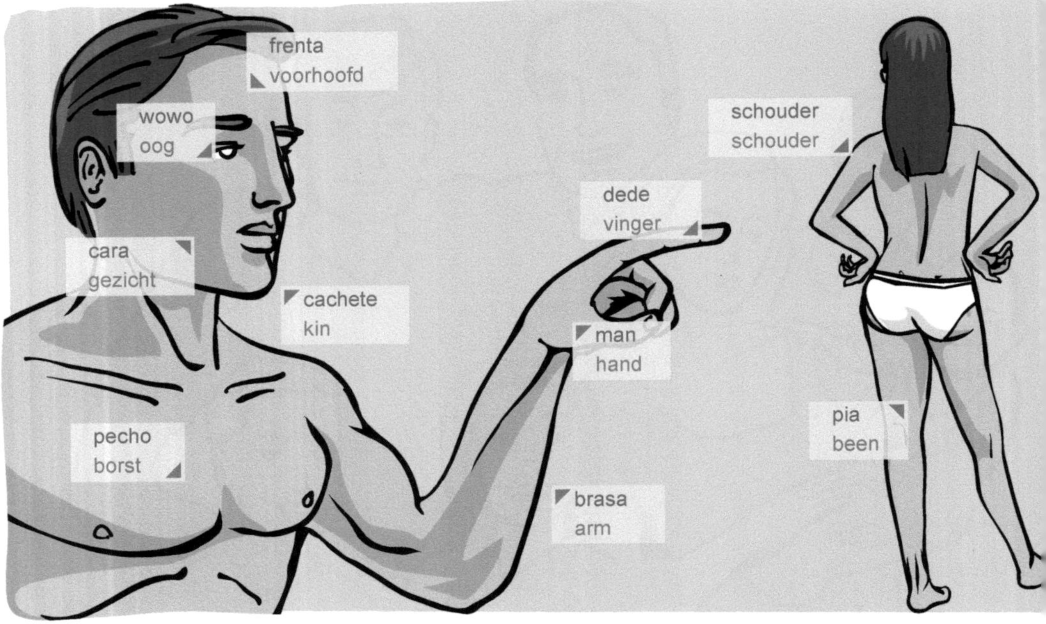

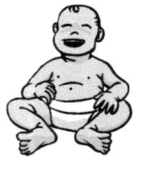

baby

baby

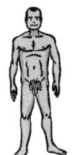

homber

man

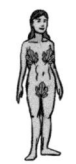

muhe

vrouw

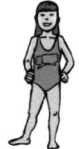

mucha muhe

meisje

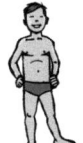

mucha homber

jongen

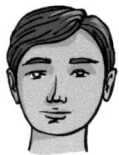

cabes

hoofd

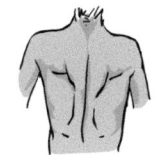

lomba

rug

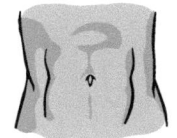

bariga

buik

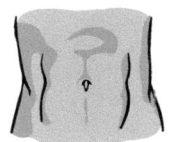

lombrishi

navel

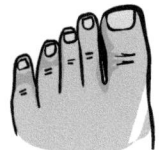

dede di pia

teen

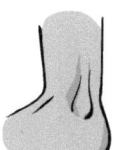

hilchi

hiel

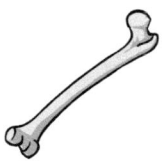

weso

bot

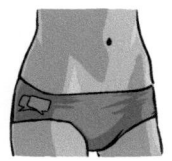

heup

heup

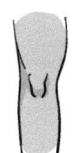

rudia

knie

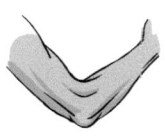

elleboog

elleboog

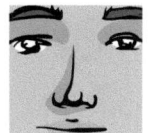

nanishi

neus

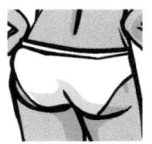

chanchan

zitvlak

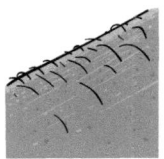

cuero

huid

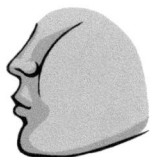

wang

wang

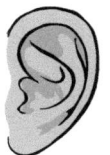

horea

oor

lip

lip

boca

mond

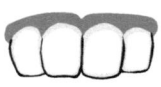

djente

tand

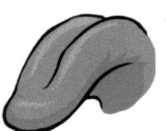

lenga

tong

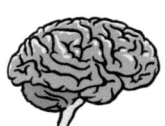

celebro

hersenen

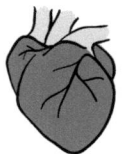

curason

hart

musculo

spier

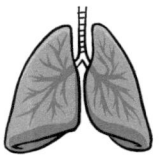

pulmon

long

higra

lever

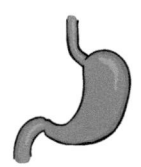

stoma

maag

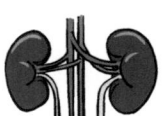

nier

nieren

sex

seks

condon

condoom

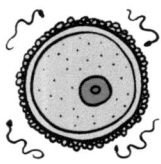

ovulo

eicel

sperma

sperma

embaraso

zwangerschap

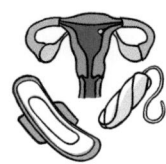

menstruacion
menstruatie

vagina
vagina

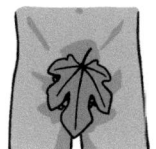

penis
penis

wenkbrauw
wenkbrauw

cabey
haar

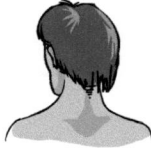

nek
nek

hospital
ziekenhuis

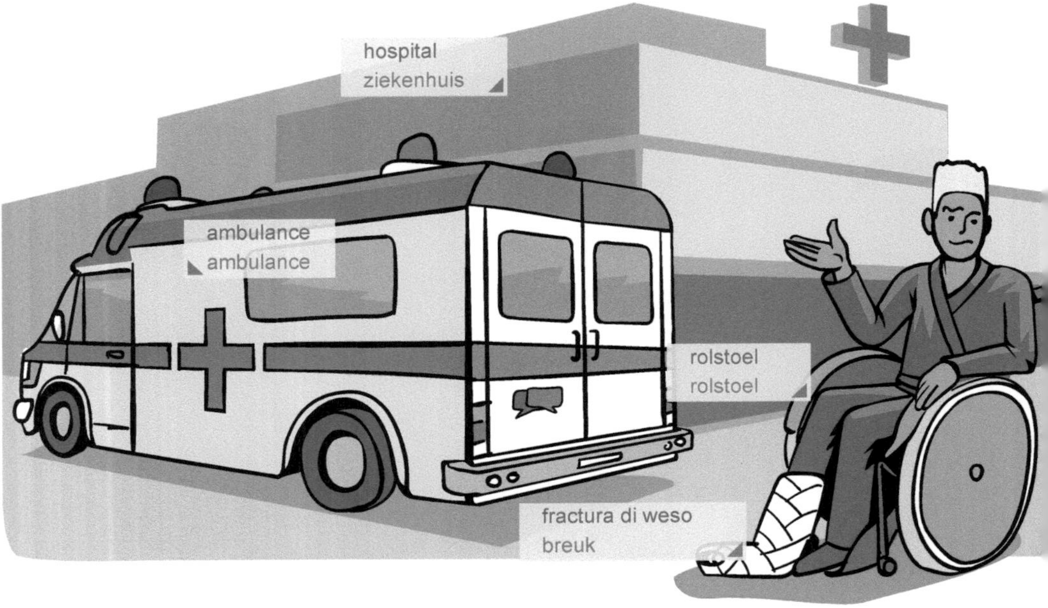

hospital
ziekenhuis
ambulance
ambulance
rolstoel
rolstoel
fractura di weso
breuk

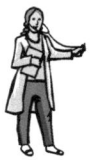

dokter

dokter

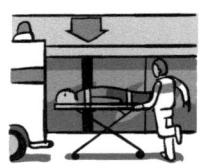

EHBO (prome asistencia/eerste hulp)

spoed

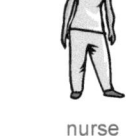

nurse

verpleegkundige

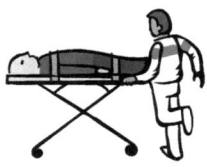

caso di emergencia

noodgeval

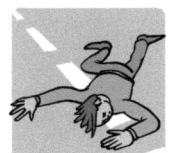

fo'i tino

bewusteloos

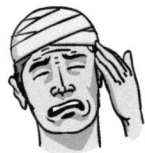

dolor

pijn

lesion
....
verwonding

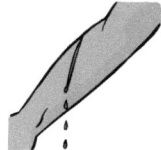

sangramento
....
bloeding

ataca di curason
....
hartaanval

ataca celebral
....
beroerte

alergia
....
allergie

tosa
....
hoest

keintura
....
koorts

griep
....
griep

diarea
....
diarree

dolor di cabes
....
hoofdpijn

cancer
....
kanker

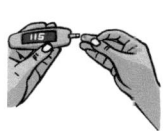

diabetes
....
diabetes

ciruhano
....
chirurg

scalpel
....
scalpel

operacion
....
operatie

CT

CT

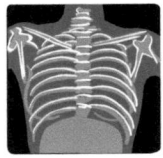

x-ray

röntgenstraal

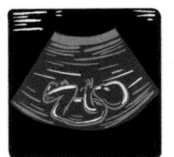

echo

ultrageluid

masker contra stof

gezichtsmasker

malesa

ziekte

sala di espera

wachtkamer

kruk

kruk

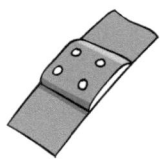

pleister

pleister

verband

verband

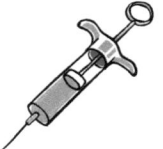

inyeccion

injectie

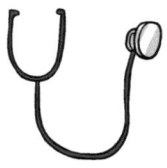

stetoscop

stethoscoop

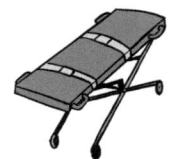

brancard

brancard

thermometer

thermometer

nacemento

geboorte

sobrepeso

overgewicht

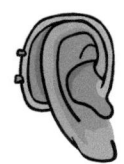

aparato pa oido

hoorapparaat

desinfectante

ontsmettingsmiddel

infeccion

infectie

virus

virus

HIV / AIDS

HIV / AIDS

remedi

medicijn

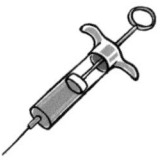

vacuna

vaccinatie

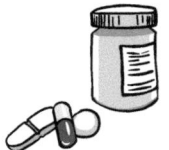

pilder

tabletten

pilder

pil

yamada di emergencia

noodoproep

aparato pa midi presion

bloeddrukmeter

malo / saludabel

ziek / gezond

auxilio!

Help!

alarma

alarm

atraco

overval

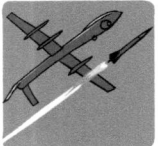

atake

aanval

peliger

gevaar

salida di emergencia

nooduitgang

candela

Brand!

brandspuit

brandblusser

desgracia

ongeval

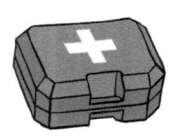

caha di prome asistencia

EHBO-kit

SOS

SOS

polis

politie

Europa

Europa

Noord America

Noord-Amerika

Sur America

Zuid-Amerika

Africa

Afrika

Asia

Azië

Australia

Australië

Oceano Atlantico

Atlantische Oceaan

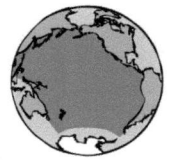

Oceano Pacifico

Stille Oceaan

Oceano Indio

Indische Oceaan

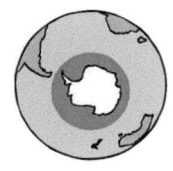

Oceano Antartico

Antarctische Oceaan

Oceano Artico

Arctische Oceaan

Noordpool

Noordpool

Zuidpool

Zuidpool

Antartica

Antarctica

mundo

aarde

tera

land

lama

zee

isla

eiland

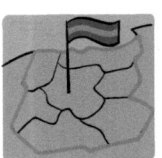

nacion

natie

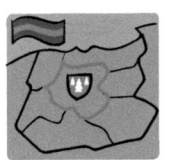

estado

staat

holoshi analog

wijzerplaat

wijzer chikito

uurwijzer

wijzer grandi

minuutwijzer

wijzer di seconde

secondewijzer

Cuant'or tin?

Hoe laat is het?

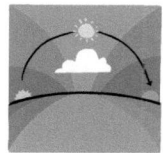

dia

dag

tempo

tijd

awor

nu

holoshi digital

digitale horloge

minuut

minuut

ora

uur

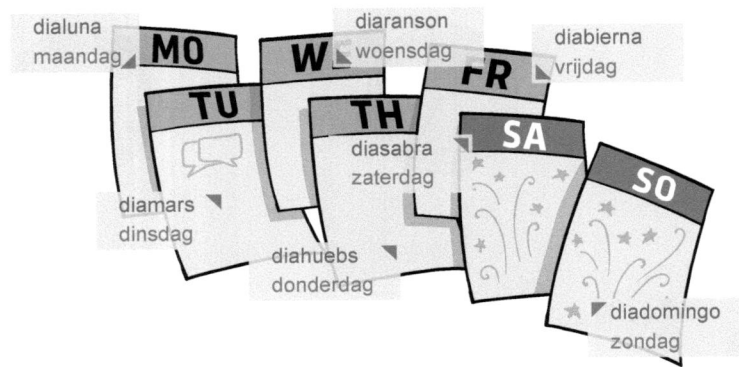

dialuna
maandag

diaranson
woensdag

diabierna
vrijdag

diamars
dinsdag

diasabra
zaterdag

diahuebs
donderdag

diadomingo
zondag

ayera

gisteren

awe

vandaag

mañan

morgen

mainta

ochtend

merdia

middag

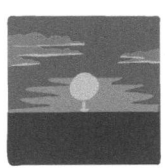

anochi

avond

dia di trabou

werkdagen

weekend

weekend

aña

jaar

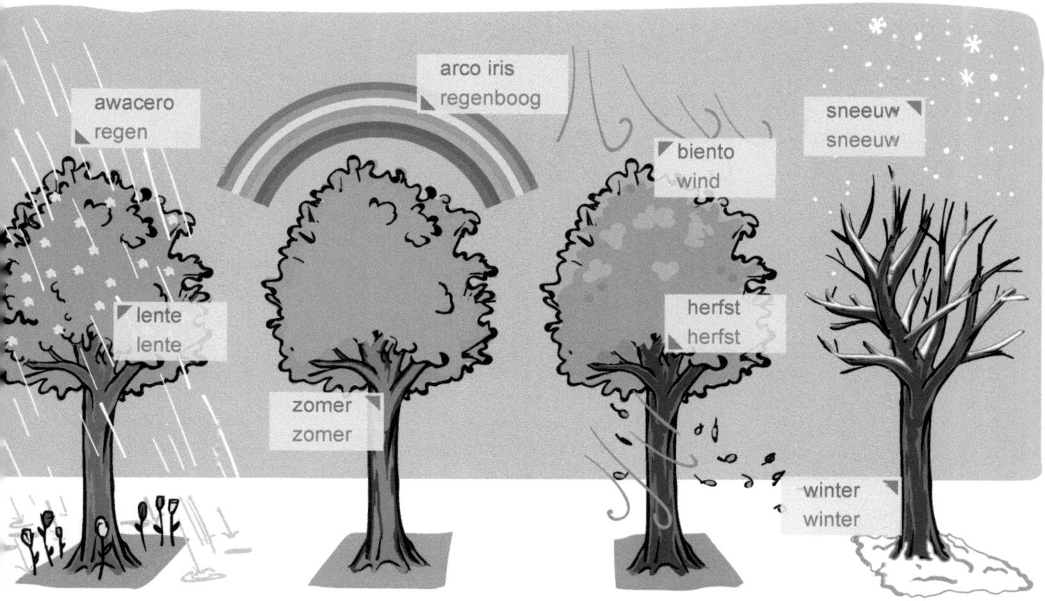

awacero
regen
arco iris
regenboog
sneeuw
sneeuw
biento
wind
lente
lente
herfst
herfst
zomer
zomer
winter
winter

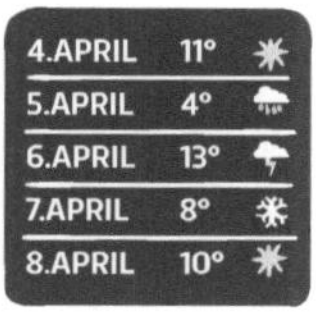

4.APRIL 11°
5.APRIL 4°
6.APRIL 13°
7.APRIL 8°
8.APRIL 10°

pronostico di tempo

weervoorspelling

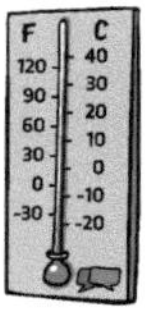

F
C
120
90
60
30
0
-30
40
30
20
10
0
-10
-20

thermometer

thermometer

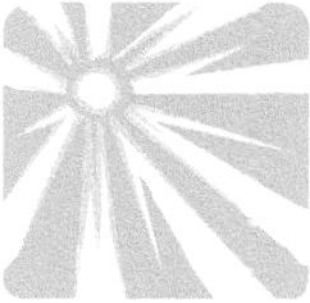

solo ta briya

zonneschijn

nubia

wolk

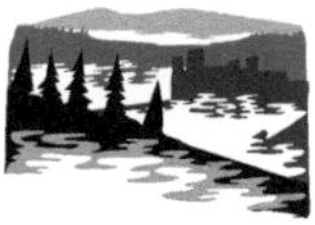

neblina

mist

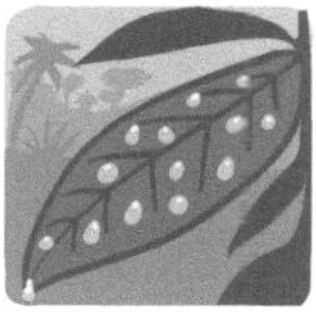

humedad

vochtigheid

lamper
bliksem

strena
donder

mal tempo
storm

hagel
hagel

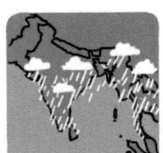

mal tempo
moesson

inundacion
overstroming

ijs
ijs

januari
januari

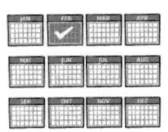

februari
februari

maart
maart

april
april

mei
mei

juni
juni

juli
juli

augustus
augustus

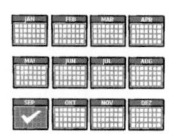

september
september

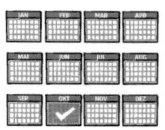

october
oktober

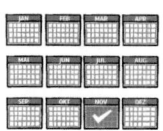

november
november

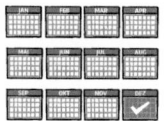

december
december

forma
vormen

circulo
cirkel

cuadra
kwadraat

rectangulo
rechthoek

triangulo
driehoek

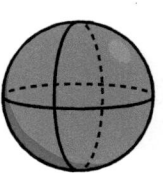

bol
bol

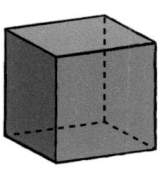

kubus
kubus

blanco

wit

geel

geel

oraño

oranje

ros

roze

cora

rood

biña

paars

blauw

blauw

berde

groen

bruin

bruin

shinishi

grijs

preto

zwart

hopi / tiki

veel / weinig

rabia / trankil

boos / kalm

bunita / mahos

mooi / lelijk

comienso / final

begin / einde

grandi / chikito

groot / klein

cla / scur

licht / donker

ruman homber / ruman muhe

broer / zus

limpi / sushi

proper / vuil

completo / incompleto

volledig / onvolledig

dia / anochi

dag / nacht

morto / bibo

dood / levend

hancho / smal

breed / smal

comibel / incomibel

eetbaar / oneetbaar

mal hende / bon hende

kwaadaardig / vriendelijk

ansioso / ferfela bo mes

opgewonden / verveeld

gordo / flaco

dik / dun

prome / ultimo

eerst / laatst

amigo / enemigo

vriend / vijand

yen / bashi

vol / leeg

duro / moli

hard / zacht

pisa / lihe

zwaar / licht

hamber / sed

honger / dorst

malo / saludabel

ziek / gezond

ilegal / legal

illegaal / legaal

inteligente / sabi

intelligent / dom

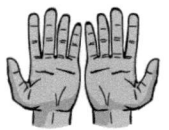

robes / drechi

links / rechts

cerca / leu

dichtbij / veraf

nobo / uza
....
nieuw / gebruikt

nada / algo
....
niets / iets

bieu / jong
....
oud / jong

cendi / paga
....
aan / uit

habri / cera
....
open / dicht

keto / duro
....
stil / luid

rico / pober
....
rijk / arm

bon / fout
....
juist / fout

grof / liso
....
ruw / glad

tristo / contento
....
droevig / blij

cortico / largo
....
kort / lang

pocopoco / lihe
....
traag / snel

muha / seco
....
nat / droog

cayente / friu
....
warm / koud

guera / paz
....
oorlog / vrede

0	**1**	**2**
cero	un	dos
nul	één	twee

3	**4**	**5**
tres	cuater	cinco
drie	vier	vijf

6	**7**	**8**
seis	shete	ocho
zes	zeven	acht

9	**10**	**11**
nuebe	dies	diesun
negen	tien	elf

12

diesdos

twaalf

13

diestres

dertien

14

diescuatro

veertien

15

diescinco

vijftien

16

diesseis

zestien

17

diesshete

zeventien

18

diesocho

achtien

19

diesnuebe

negentien

20

binti

twintig

100

shen

honderd

1.000

mil

duizend

1.000.000

miyon

miljoen

Ingles

Engels

Ingles Mericano

Amerikaans Engels

Chines Mandarin

Chinees (Mandarijn)

Hindi

Hindi

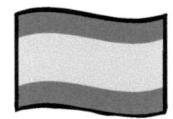

Spaño

Spaans

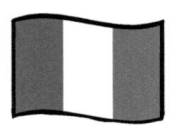

Frances

Frans

Arabe

Arabisch

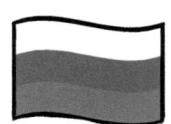

Ruso

Russisch

Portugues

Portugees

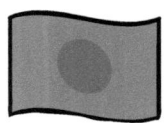

Bengal

Bengali

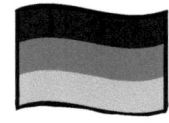

Aleman

Duits

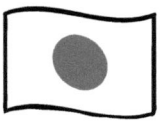

Hapones

Japans

ami
....
ik

abo
....
u

e
....
hij / zij / het

nos
....
wij

boso
....
u

nan
....
ze

ken?
....
wie?

kico?
....
wat?

con?
....
hoe?

unda?
....
waar?

ki ora?
....
wanneer?

nomber
....
naam

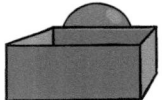

patras

achter

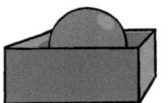

den

in

dilanti di

voor

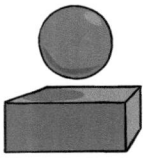

ariba

boven

riba

op

bou di

onder

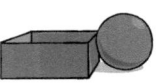

banda di

naast

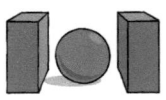

entre

tussen

luga

plaats